ESTE ES UN REGALO

DE:

PARA:

FECHA:

SÉ QUE MI ABUELO SIEMPRE ME PROTEGERÁ. ES UN SÚPER ABUELO.

MI SÚPER ABUELO SE LLAMA:

MI ABUELO ES
GENIAL
PORQUE
CUENTA HISTORIAS
MARAVILLOSAS

MI ABUELO
ME LEE
CUENTOS
MUUUUY
CHULOS

Y EL QUE MÁS ME
GUSTA QUE ME LEA ES:

MI ABUELO ES 
EL MEJOR
PORQUE ME DA
MUCHOS BESOS
A

ASÍ DIBUJO YO
A MI ABUELO

MI ABUELO Y YO
NOS DIVERTIMOS
MUCHO
CANTANDO
CANCIONES JUNTOS

LA
QUE
MÁS
ME
GUSTA
CANTAR
CON ÉL
ES....
A
60 min
LAS CANCIONES DE MI ABUELO

SI MI ABUELO
TUVIESE MI EDAD,
SERÍA MI MEJOR
AMIGO DEL COLE
PORQUE ES CON QUIEN
ME GUSTA PASAR
MÁS TIEMPO

ASÍ ERA MI ABUELO DE PEQUEÑO

MI ABUELO
ES MI ABUELO
DESDE
EL DÍA:

YO NACÍ EL:

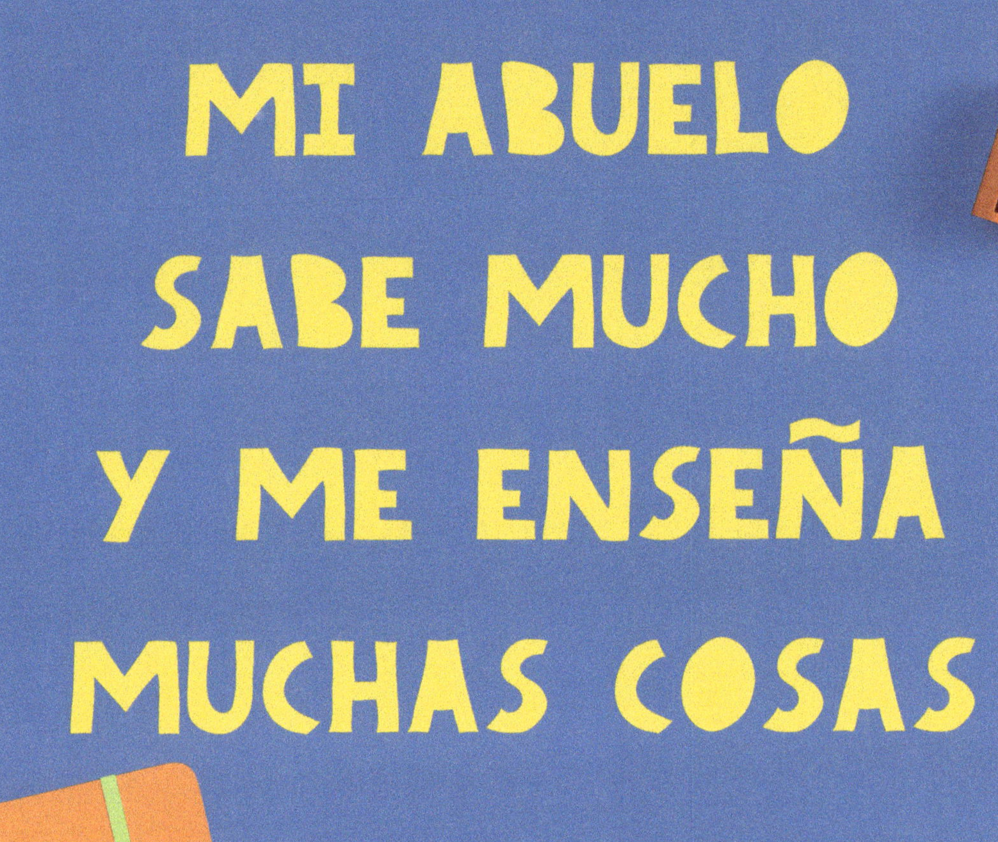

MI ABUELO
SABE MUCHO
Y ME ENSEÑA
MUCHAS COSAS

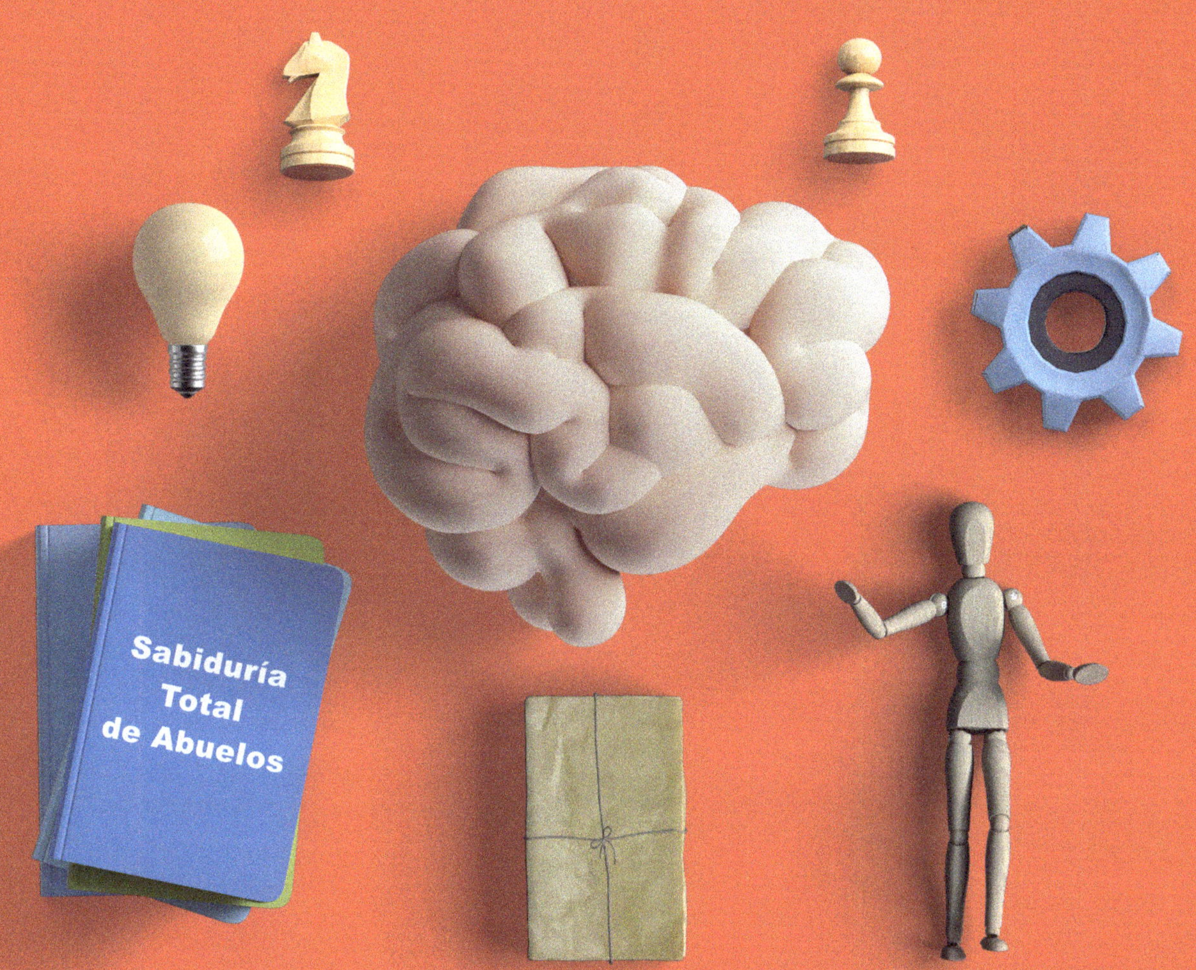

EL SÚPER CEREBRO
DEL ABUELO:
Sabiduría
Total
de Abuelos
(LLENO DE COSAS COMPLICADAS QUE
YO NO ENTIENDO)

A MI ABUELO
LE GUSTA
ABRAZARME

DIBUJO DE
MI ABUELO Y YO:

MI ABUELO
ES MUY MOLÓN
Y EL MÁS GUAPO
DE TODO
EL PARQUE

DE MI ABUELO
ME GUSTAN
MUCHAS COSAS
PERO LA QUE
MÁS ME GUSTA
ES...

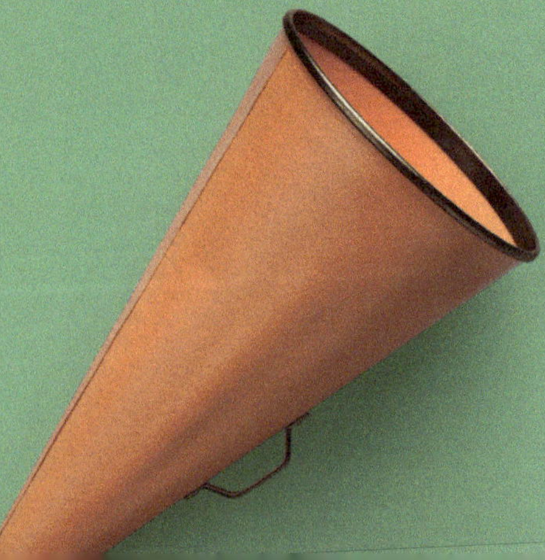

LO QUE MÁS ♥ DEL ABUELO ES

EL MEJOR
MOMENTO DEL DÍA
ES CUANDO
MI ABUELO JUEGA
CONMIGO

EL JUEGO QUE MÁS
ME GUSTA JUGAR
CON MI ABUELO ES:

MI ABUELO ME
ESCUCHA Y
ESO ME
HACE SENTIR
MUY BIEN

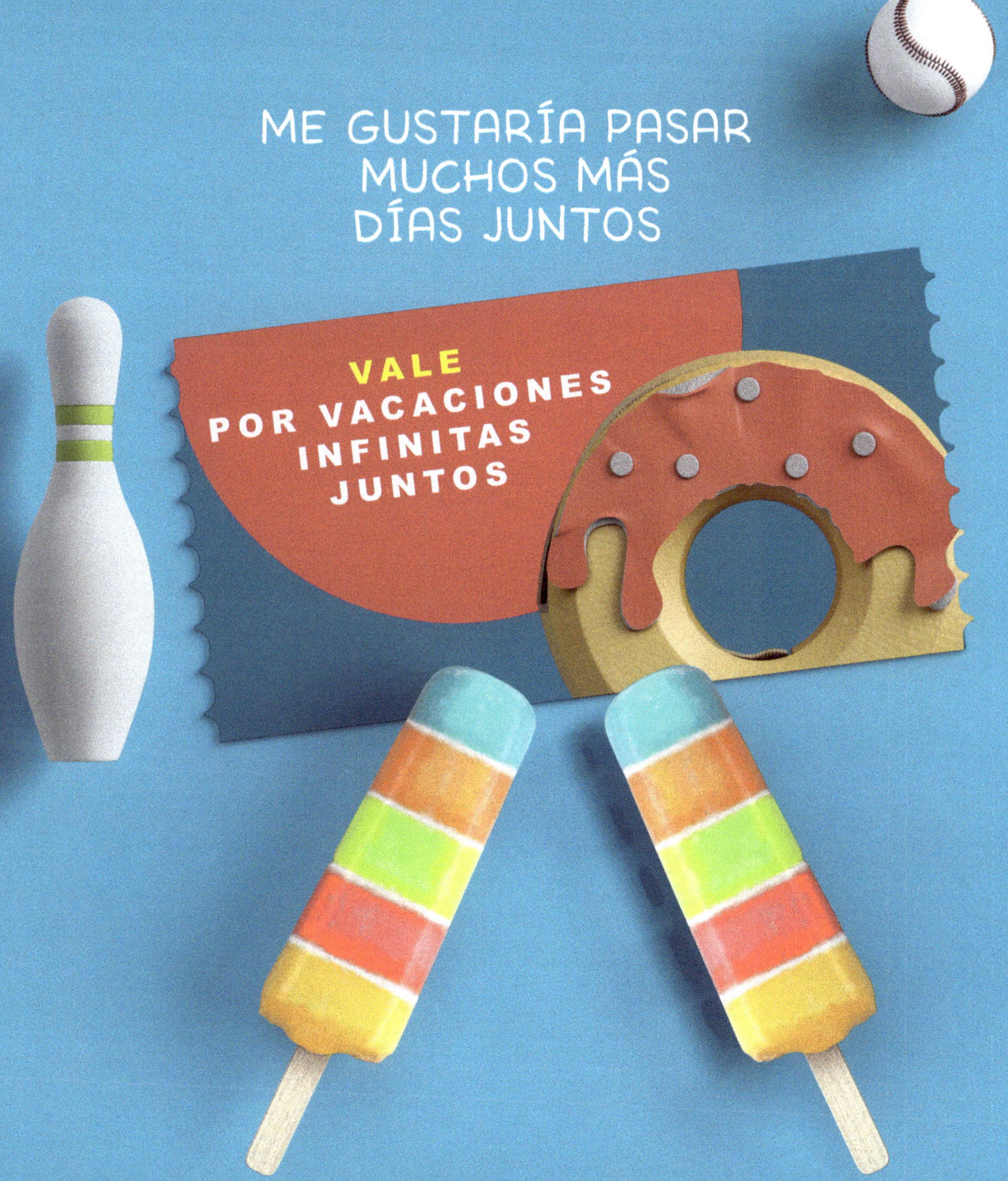

ME GUSTARÍA PASAR
MUCHOS MÁS
DÍAS JUNTOS
VALE
POR VACACIONES
INFINITAS
JUNTOS

AL ABUELO
Y A MÍ
NOS GUSTA
MUCHO VER
PELIS JUNTOS

YO CREO QUE
SU PELI FAVORITA ES:

MI ABUELO
ES EL MEJOR
PORQUE ME
HACE REÍR

PROHIBIDO
NO
PARTIRSE DE
RISA TODOS
LOS DÍAS

MI ABUELO Y YO
HEMOS COMPARTIDO
GRANDES MOMENTOS
JUNTOS, UNO DE MIS
PREFERIDOS ES:

RECUERDO

CON MI ABUELO

A VECES
NOS QUEDAMOS
DORMIDOS JUNTOS Y
NOS ENCONTRAMOS
EN LOS SUEÑOS

SILENCIO:
SOÑANDO

MI SÚPER ABUELO A VECES ME COMPRA CHUCHERÍAS

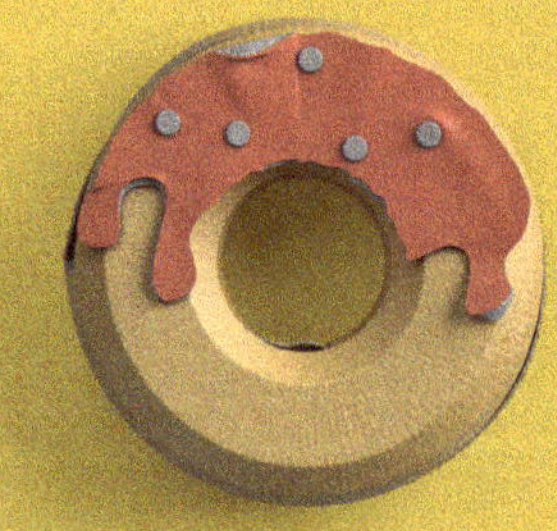

PERO YO CREO QUE
SU COMIDA
PREFERIDA ES:

MI ABUELO CREE
QUE LO QUE MÁS
ME GUSTA SON LOS
DIBUJOS ANIMADOS
PERO EN REALIDAD...

LO QUE MÁS ME GUSTA
ES VERLE SONREÍR ASÍ:

ABUELO,
TE QUIERO

www.ingramcontent.com/pod-product-compliance
Lightning Source LLC
LaVergne TN
LVHW071455180726
843512LV00018B/1395